JN411932

Never leave
seoul
without
a kiss

l

내용

*

* *

* * *

Liebespaar

```
-----------------------------------
|=================================|
| 마모된 마음만 가득 맞이하고 마침내 아이같이 웃어 보여야 하나 |
| 몸만 탐하냐며 미친 소리만 보이면서 아직 아직 아직 좋아하냐고 |
| 그래 비도 모르게 모자를 쓸까 아니면 이 황금 벽지를 울려볼까나 |
| 너의 몸뿐만 아니라 몸뚱아리뿐만 아니라 영혼을 적시는 안녕도 |
| 난 기꺼이 사랑 또 미워한다고 이 정도 했으면 나를 알아주겠니 |
| 난 네모 딱지가 붙여진 사람이야 그리고 넌 동그란 미소가 있고 |
| 다르지만 딱 한 번만 더 키스할래 꿈이라도 좋아 아파도 좋을 거야 |
| 네 온몸에 마른 꽃만 묶어서 꽈리 틀고 다리에 아스라이 감아줄게 |
| 마지막 할 말이라면 월계관을 닮은 관을 쓰여 널 왕비라 칭하고서 |
| 그래 이 복사꽃인지 모를 꽃잎들과 함께 사랑과 이별을 고해야지 |
| 낭랑하게 다색의 꽃이 핀 들판들은 우리의 추억이자 아쉬움이고 |
| 그 끝에는 마침 우리라는 관계의 절    벽 이제 함께 끝내볼까나 |
| 결국에 네 마지막 입 맞춤을 원하던 나는 밀어 죽이고 말겠지 너를 |
|=================================|
-----------------------------------
```

< The KISS >

вампир

광견병은 전염된다
목을 물린 나 또한 너의 목을 따라 물고
피가 낭자 하는 이 밤,
우린 빛이 싫어 달볕 아래서만 눈을 뜬다

살모사의 머리를 닮은 혀를 꺼내어
서로의 동맥을 가늠하고,
타액을 거느리고,
또 네 고운 허파마저 신음을 조율할 땐
내가 밤새 함께라는 것을 범하도록 하였지

이렇듯 서로에게 옮겨진 불치의 갈망을
우린 위세로써 분출하듯 밝혔다
온 세상에 떠벌리듯
인간이기를 자랑스레 포기한 채로

사랑과 욕정을 밤 가득 사색할 너와 나
그 어떤 죄책감 하나 없이도 육체만을 추구하겠다만
결국 남게 될 것은 적색 결핍을 잠식한 섬망뿐일까

그런 너의 애인, 또 저 하늘마저
뒤섞인 흔적이 밤을 더럽혔기에 눈을 가리겠어
그 외면 덕에 우리가 묶인 거야
뒤틀린 신성 언약과 함께

*

그들은 이따금 서로를 잡아먹음으로써
사랑을 표했다

讚美 찬미

잠꼬대로 심장을 파먹는 사람이 있었어요
어미의 젖을 빨지 못한 네가 그런 사람이었죠
나는 증명하려 했답니다
다정함만이 우리를 지키리라고
아니,
사실은 네 결핍을 부정하기 바빴던 나였지만

오늘은 널 보듬고 누웠어요
네가 자는 척을 하다가
손톱을 세운 채 나의 마음을 쿡 찔러
맛을 보지 않을까 두려웠지만서도
안아주는 것 말고는 방도가 없었답니다

언제쯤 해가 뜨려나요

먹이를 탐하는 네 속눈썹이 자꾸만 내 가슴을 찌르는데

그래요, 이대로 시간이 계속 흐른다면
잠든 손 위로 심장을 가져다 바칠지도 모르겠습니다
처음 내 이름을 불러주었던 때였던가
멀리서 너의 왼 가슴팍, 묻혀 죽은 나를 보았거든요

비에 젖은 개

나를 헤치지 않는다는 확신이 생기면
바로 사랑까지 내어준다

무지개같은 사랑 II

색안경을 벗자 도리어 보였다

나의 눈에 무지개가 폈는지
그녀의 눈에도 한가득 이쁜 무지개가 그려졌다

난 내 모든 마음을 그녀에게
듬뿍 선물 해주고 싶다

그녀 또한 나에게서 무지개를 느낄 수 있도록
나 또한 그녀에게 무지개가 될 수 있도록

비가 와 젖어버린 마음에
한줄기 위로와 같은 사람이 되고 싶다

夢安鬼 몽안귀

서늘한 달빛의 썩은 그림자가 무섭댔나
난 이불 안감 속 떨고 있는 너의 손을 보았어
매번 혼자인 밤이 오면 어둑시니들이 깨어나
너의 걱정 어린 생각들을 더듬는다 했었지

불안을 떨치기 위해선 무엇이 필요할까
난 덥석 너의 왼손을 잡았고
맞잡힌 우리의 두 손에서는
순간 상큼한 레몬향이 힘껏 뿜어졌어

나는 말했지
세상의 모든 악취로부터 도망가자
골목 뒤편 아이들의 손을 잡고서
함께 도망가자

그러자 너는 웃었어

가득이던 동공이 초승달처럼 접히고선
모든 그림자들을 스스로 지워냈지

정말 순간이었어
너의 눈빛이 골목의 아이들을 향해 보였던 거야

그리고 너는 말했어

나 이제는 조금밖에 무섭지 않아
다만 하나 걱정이라면
네가 무서운 꿈을 많이 꾼다는 거야

나는 대답했어

와중에도 내 걱정을 하는 네가 이쁘니까

잡아먹어 줘야겠다

너의 어둠
또 앞으로의 악몽까지도

탈피를 꿈꾸는 네 영혼의 체취는
나로서 미소 짓게 하니까
내가 대신 너의 어두한 곳에서
예정된 나쁜 꿈들을 삼켜야지

ひめ 히메

나는 바람의 검심
너는 히메
반짝이는 은색 빛 긴 머릿결과
흰 피부를 가진 여인

네 아름다운 기모노의 꽃문양들은
어째 붉은 외투를 벗어 던진 채
투명한 나체를 뽐내는지

향기를 잃은 꽃이란 채 허탈할 뿐이라
내 기쁨을 전해 주고만 싶었다

나는 봄의 환상,
벚꽃이 만개한 정자 위로

검집 속 흑도를 뽑아 반 바퀴 휘두른다

온갖 것의 분홍 꽃잎들에 천명하여
네 기모노 위를 가득 덮어주려 한 게지

각자 이름들을 속삭이듯
나선으로 살랑이는 저 연한 아이들이
너의 의복 위에서
문양들이 색으로 번지도록 춤을 추고

너 또한 그들과 놀이 삼아
둥글게 춤을 추고 있으면
한 아이가 네 갸륵한 코끝에 앉아
눈을 마주치려 들 거야

그런 너도 꽃들과 하나 되어
아이같이 잔뜩 미소들을 부를 테고

그러하면 나는

맑게 웃는 너를 보며

나막신만 동동 두드릴 테지

가을 붕어빵

낙하하는 노란 단풍을 물끄러미 보던 넌
손을 뻗어 그것을 잡아챘다
그러고는 붕어빵을 닮았다는 말과 함께
단풍의 꼬리를 입에 물었지

날 웃음 짓게 하는
너의 지어낸 모든 말과 행동들이
샛노란 서정을 닮은 까닭은
이토록 가을을 삼켰기 때문일까

나도 여느 단풍처럼
두 뺨이 빨갛게 익어갔다

만두

사랑을 배워간다

너의 촉촉한 콧등
가냘픈 어깨선
우주같이 눈망울에
붉게 피어올라
꽃망울 열리던
욕정은 멈추고

너의 접시에 만두 하나 더

배려가 늘어간다

함께라는 기적

당신을 안고 있으면
크나큰 심장 박동이 들립니다

처음에는 그 경이로운 떨림에 한번 놀라고
두 번째엔 이 드넓은 우주에
우리가 단둘이 함께 한다는 사실에 다시 놀랍니다

저 하늘 위 별들도
서로에게 안겨있듯 가까워만 보이는데
사실은 아주 멀리 떨어져 있겠죠

하늘 위 별들도 못 하는 것을
우리는 하고 있다는 것

서로의 향을 느끼고 온기를 나누며
감정을 세아리는 것

그거야말로 이 우주에서
가장 기적적인 일이라고

함께 있다는 것은 그런 것이라고
당신에게 고백합니다

우화

메마른 나의 입술 뒤편으로
간신히 모은 파동의 숨이 혀끝에 맺혔다
나에게서 너에게로
언어의 분자가 흘러가듯
너는 인류 기원의 복선을 속삭였다

과거에는 모두 날개를 가지고 있었지

우리는 손으로 서로의 눈을 가렸고
곧장 환시에 잠겨져 갔다

눈발이 흩날리는 군청빛 침엽수들 사이
이름 모를 밤거리와 낯선 바람
나는 느꼈다

손등에서 시작된 떨림과 목덜미로 스며드는 미세한 전류
사랑이 처음 내 안을 꿰뚫던 순간에 전해진 고요함
그러면서도 여태껏
오해에서의 해방을 하지 못한 채
염오와 연모의 경계 사이로 서툰 죄를 지었다
그리고 우리는 다시 감각으로 젖어든다
서로를 향한 가장 명예로운 편애

나는 어쩌면 비문이었을지도 모를 너의 등을 쓰다듬으며 살을 맞대었다
그곳에는
부재 되었던 날개가 자라나고 있었다

기도

어느 날 나비처럼 찾아와 나에게 앉은 네가
금세 내 팔을 베개 삼아 꿈을 꾸고
아침잠을 서로 달래주며
이젠 모든 가는 길에 발을 맞춘다

혹여나 우리 사이 멀어질까
어딜 가던 꼭 맞잡은 두 손은
너와 나를 위한 기도

평생 함께하게 해달라고
감히 이기적인 기도를 올린다

* *

떠오르는 먹색 태양을 삼키다

J에게

내 아래 깔린 네 동공
그 흐리멍텅한 회갈색 시선이
줄곧 내가 아닌 다른 사람을 보듯이 느꼈던 거야
너는 나보다 더 먼 너머에 눈을 두는 듯했지

사랑해 J
사랑해 정말

네가 마치 여기 없는 누구를 부르는 것만 같아서
줄곧 피가 머리로 쏠렸던 거야

그리곤 네 두 눈을 손바닥으로 가린 채
내 이름을 물었지

아직은 소화가 덜된 듯한 알콜향과 함께
거센 유기음만 밷길 간절히 빌며

이윽고
한 번, 두 번

내 기도에 회답하듯 같은 말을 내뱉은 너

사랑해

또, 사랑해

아,
그걸 듣고 싶던 게 아니었는데

네 입술을 내 것으로 문대서 지워야겠어

Hannibal Lector

내 동맥을 가득 깨문 너의 시선 끝엔
한니발 렉터가 나오는
양들의 침묵 포스터가 있었어

내 목에 붙어있던 건 나비가 아니라 나방이었을까

Papillon
넌 정말 몽상가였지
현실 속 경계 안에서
잔뜩 꾸며진 혼자만의 영역을 누렸어
나는 그 우리 안, 한 마리의 양

네 보드라운 손에
쓰다듬, 꼬집힘, 포옹.

또 하나는

관음

네 순례의 길을 내게도 행하는 너

잔뜩 널브러질 새빨간 속옷

입맛을 다시는 그들의 작은 구순염들도 꿈틀댔고

먹이를 향해 나체로 굿하는 원숭이들

또 요동치는 심장이 오늘의 퇴폐 연극을 축하했지

네 의도

누군가에게 버려진다는 거

그것을 내가 절실히 느끼길 바랐던 거야?

글쎄

과하리만큼 네 눈빛은 이쁘기만 했는데

그냥

그랬다고

씨발

구제

헐거운 년
시발련
좆같은 년
물 새는 년

드세지는 네 죄가 기어코 태양을 깨우나 보다
깜빡 깜빡
세상을 지웠다가 만들기를 반복하지

네가 보여줄 찬란이 이딴 거였다면
기꺼이 나 또한 가슴을 찢은 뒤 태양의 음부를 가득 품
  어야겠어

그러고서

새까맣게 태워지는 것만이 구원이라 믿겠어

또 열렬히 네 결핍을 사랑하며

목구멍 안으로 잔뜩 사랑을 쏘아야지

나는 위스키가 되고 너는 탄산수가 되는 거야

호흡에도 알콜향이 자리 잡은 새벽 6시
방금까지 거리를 삶아대던 태양이 다시금 떠오를 차례가 왔어
너와 나는 곧 다가올 황홀을 위해 머리를 책상에 박은 채 있지
흘려보낸 새벽에게 목례
이 지독한 여름이 또 시작했구나

눈이 푹푹 나리는 겨울도 아닌데
우린 서로의 품을 이불 안감 삼아 엉겨 붙고,
절여진 노란 땀을 삼키고,
그리고 또다시, 다시 청춘이란 무엇인가를 체득하며 고찰하는 것
이 지독한 학구열

나이는 어느덧 그래
눈 감았다 뜨는 횟수만치 하루가 빠르게 흘러가
어젯밤엔 네 허벅지 안쪽에 주름 하나가 지는 것을 보
았지

늙지도 않았다만 차마 어리다고도 못할 그런 날
네가 허락한 만큼의 성수를 두 손으로 받쳐 삼킨 그날

유달리 톡 쏘는 식감, 그 소다맛 청량함이
마치 탄산수처럼 느껴졌던 거야

서로를 위한 끝없는 갈망만이 영원한 청춘임을.

나는 끝내 그것이 해답임을 알아버렸지

사랑은 생존을 위한 추측

1

나는 추론한다
너의 존재 이유
그 사랑의 쟁점이
스스로를 살아있게 하려는
네 뇌가 만들어낸 최선의 추측이라고

2

여린 피부를 닮은 핑크빛 환각
더 나은 생존을 위한 지속적 자극
너는 그것이 바람의 이유라고 착각한다
그러나 나는 네가 우등 유전의 주체
행위에 대하여 망각해야만 하고

3

원망하는 법을 배우지 못해서

입 밖으로 튀어나온 말은

또다시

좋아해

란

단어였다

바닥에는 나를 둘러싼
무지개 자국들이 가득했다

그는 발을 옮겼다
나에게로 한 발, 한 발
내가 그어놓은 선 위에
이따금 살짝 발 올려놓고선
슥 - 슥 -
흐트러진 무지개를 그렸다

그러면 나는 또다시 작은 원을
그리고 너는 또다시 무지개를

점점 작아지는 나의 원 안에
기어코 너라는 존재가
온 선을 흐트러트려 들어왔다

더 이상 그을 자리도 없이 서로를 마주한 발끝

바닥에는 나를 둘러싼 무지개 자국들이 가득했다

그렇게 내 품에 안겨들어 온 너를
안을 수밖에 없는 걸까

너는 이토록 짓궂다

너는 이토록 짓궂고

나는 네가 그린 무지개가 이쁘다

Haunt

소음과
홍콩 영화로 젖어드는 다리
그녀는 꼭 누구를 죽여야만 하는 동경에 빠져있다
눈빛만으로도 언어가 전달될 거라는 그 눈빛으로, 내
게 죽음을 애원하는 것
가장 합당한 기쁨이란 매일 밤의 구세
나는 늘 네 아래서 동공의 침묵을 선보인다
올 겨울은 유달리 길 것이라던데
이상하게도 오늘 네 늑골이 더욱이 선명하고 달게만
느껴진다
너는 어쩌면,
아니, 오직 떠오르는 것은 하나다
지금 이 순간이 너무나 따뜻하다

고양이는 좋겠다

고양이는 좋겠다
자기 성격대로 까칠하고
때리고 할퀴고 모른 채 지나가도
사랑받고 귀여움받잖아

난 일도 해야 하고
돈도 벌어야 하고
빨래도 해야 하고
감정도 억눌러야 하고

해야 할 걸 해야만
사랑받는데

Homemade Candy

내 안구를 적출해 너에게 먹인다
비로소 안광엔 너만이 비추어
하나 됨에 감사하며 손을 잡는다

이젠 널 사랑해
하나 된 너를 사랑할 테니
날 보살펴
그렇게 나를 사랑해

산부의 마음으로 건네는 최초의 온도

가장 가벼운 소망
내가 주는 사랑을
단순히 받아주기만을 원했던 아주 온전한 합장

나는 배가 고프다는 그 문장에게로
작은 곰인형을 꼬맸다는 엉뚱한 대답을 하였다
절대 잘 못 들은 것은 아니야
너를 위해 피부색과 가장 닮은 반짇고리를 들었지
보드란 극세사 대신 어느 문방구에나 팔만한 싸구려 실
나는 두터운 손끝으로 엄정한 원로 조산사를 흉내냈다

그러고는 구석에서 녹으로 퇴색 된 커터칼 하나를 들어
인형의 자궁을 가른 뒤 얼굴을 매장했다
따신 숨바람과 함께 퇴적되어 가는 온기

인형의 아랫배는 점차 터질 듯 부풀어오르기 시작했다
여지껏 온갖 결핍에 대한 보상과 위로로 건네는
온화의 단어들이 가라앉은 탓

반대로 내게는 비명과 절규만이 남아
복부에서부터 그 메스꺼움이 울렁거렸다
나는 남은 실로 입술을 꿰매어 묶은 뒤
조금은 고요해진 글을 이어 적었다

이 시는 산부의 마음으로 건네는 최초의 온도

바람이 짖고
천둥이 치는 밤
너의 가장 어린 감정들 마저 식어가는 때
곰인형의 배를 찢고 솜사탕을 한입씩 삼킬 너
미처 들려주고팠던, 나의 모든 언어

어설픈 사람

나는 참 어설픈 사람이다
누구보다 너를 원하고 보고파하는 사람인데
막상 눈앞에 닥치면
꽝꽝 얼은 눈사람이 되어버린다

나와는 다른 세상에 사는 너
나를 쉽게 지나쳐가면 좋겠는데
쓰디쓴 헌 목도리를 매어주는
그런 너도 참 어설퍼서 눈물이 메인다

너울

나의 깊은 곳을 엿보는 너
그 넓은 헤아림이
내 바다 어디까지 헤엄치리
작은 파도 하나에도 몸이 다칠까
또다시 너를 해안가로 밀어낸다

용기

그들은 겁쟁이였다
서로의 입에 침을 튀기며
동시에 칼질했다

이러고 금방 후회할 사람들이지만
그 마음을 인정할 책임도
마음을 전할 용기도 없었다

그저 서로의 탓을 해대며
더욱 분노할 뿐이었다

용기 없는 자들의 사랑과 배려란
참 지독하다

사랑은 놓아야 느껴지는 것일까

우리는 서로의 목을
한손으로 붙잡고, 조르고,
입술을 맞췄다

이딴게 사랑이라며
서로를 원망하고
또 품었다

보듬어줘

난 너무 추워서
잡고 있던 손을 놓아버리면
금새 얼어버려

하나 내가 원하는 건
꼭 껴안길 수 있는
너와의 긴밀한 하루

지문

내 거칠어진 손이 닿을 수 있는 곳
그 어디든 너의 세상, 마음 구석 끝까지
모든 시간을 지문으로 물들이겠다고
그렇게 난 흔적으로 남아서라도
기억 끝까지 함께 하겠다고
평생을 네 안에 남겠다고
다짐했는데

도롱뇽의 꿈

너라는 존재를 피해 멀리 도망가고 싶었다
그리하여 이곳을 벗어날 수 있다면
기어코 뭐라도 버리고 도망가려 하였다

비겁한 미련이 나를 붙잡는다면
나 또한 가벼히 손목을 내어주고서
계속 걸어가겠다고

그렇게 걷고 걷다 보면 언젠가 다 닿을 나의 심장 한구석,
언젠가 닿는다면
그곳에서
이리도 너를 어여쁘게 회상하고 있다며
이따금 썩어진 꼬리 잘린 꿈을 꾸었다

숨비소리

살랑이는 파도바다에 발을 딛고
미역을 헤쳐 물장구 옮기며
수면 밑 자갈들과 인사한다

그렇게 물살을 허락받고서
이윽고 잠수하려고
숨을 꾹 들이켜 참았다
당신의 바다는 꽤나 깊을 테니

난 하나의 고래가 되어
더 넓이 그대라는 내면을 헤엄친다
오직 이해 그 하나를 위해
웅크린 마음을 찾는다

내 몸에서 나온 공기 방울들을
엔간히 손으로 휘저으며

거센 물결을 헤쳤고

이윽고 저 아래 떨어진 진주알 보고서는
그것이 본래의 너라고
그것에 닿는 것이 구원이라며
환희롭게 팔을 뻗었다

이젠 보물을 찾아버렸으니
양볕에서 장렬하는 빛을
함께로써 마음에 새길 뿐이었는데

이런 경이로운 순간에 내 숨은 끝나 있었다

깊이 일렁이는 바다에 잠식된 건 분명 너였을 텐데
그 짧은 순간 손 한번 내밀지 않았던 건지

혹 어쩌면 허상을 좇고 있던 건지

그러면서도 단 한 번 너를 구하겠다는 마음은 변치 않았기에 다시 손을 뻗었으나
역시, 미동조차 없는 구슬

너는 말라버릴 것이 무서웠던 걸까
나는 살기 위해 몸을 돌려
바다 표면을 장악한 빛 쪽으로 헤엄쳤다

그런 너를 건어내서
햇볕에 검게 태워질 장면을 보는 것도
혹 이 파도에 내 몸이 삼켜질 용기도 갖지 못한 난
손에 가득 새겨진 미련을 잊지 못한 채

뭍으로 올라

참았던

긴

숨을

쉬이
울었다

솔방울

내 소망이
가득 익어
솔방울처럼
떨어진다

구르고 굴러서
너의 발끝
툭
건드려 멈췄다

나는 너무나도 작고
너는 너무나도 크다

가득 내려다본

너의 시선엔
난 작은 솔방울
그 하나로만 보일까

내 소망으로 바라본 세상은
언젠가 너처럼 커진 내가
널 곁눈질하며 이파리로 간지럽힐 건데
세상은 그게 아니래

나는 솔
너는 나무

너는 나를 떼어낸 것이고
난 7살 아이 발에 치여
조각날 거란 게지

우리의 이별

가슴을 열세 번 난도질했다
그중 여섯은 너의 것
또 여섯은 나의 것
눈물로 지어진 고드름
마지막엔 내가 네 가슴에 꽂아놓고 간다

찌름에 반응한 비명과
이젠 느낄 리 없는 체온에 대한 안도
쓰리게 식어버린 시체 같은 마음만 가지고 있길 바라며
이별을 더한다

* * *

숨어버린 달

네온사인

한낮의 열기가 다 가시면
비로소 밤이 찾아올 테야

그때야 넌 잠에서 깨어
거꾸로 밝혀진 네온사인에 실명한 채

손에 쥔 고철 덩어리에 고백하며
매일 입 맞추던 어리석은 치부들로 괴로워 하겠지

이딴 것도 사랑이었구나
스스로를 쪼아대며 매일

爆死 폭사

운명이란 흔하디 흔한 것
당신과 맞닿아 있고픈 마음도
과거라는 시간선에 영원히 종속되었다

뒤돌아선 서로의 모습을 애써 부정하며
다정한 이름을 부르리라 믿고 싶겠지만
이젠 우리 둘 모두 다른 이를 품게 되겠지

세 번의 해를 보낸 추억을 저만치
방구석에 모셔둔 채로
다른 이와 스칠 너의 옷깃

그 자체로 다시금 운명이라 외치며
또 다른 사랑에 빠질 것이야

나 또한 그럴 것이고

그래,

오늘은 유재하의 음성으로

밤하늘의 별을 다 헤아려야지

당신이 나를 보던 때

별처럼 빛나던 눈

그 까만 밤을 수놓은 여러 사진들을 지우며

파도

야속히 。
밝아오는
태양이 싫다

이제야 활짝 갠 .
너의 눈 속 오로라 ,
마음에는 멍울 .
내 심장을 비추고 ,
드고운 입술 .
찰나 같은 반짝 ,
살펴 보아도 .
실낱 같은 연결 ,

내 일렁거림 ,
범람 , 윤슬 ,
그립게 , 안녕 :

사랑의 확장성

우리가 함께한 이후
그 끈끈한 우주의 영원을 열망했지만
팽창하는 서로의 간격을 인지하지 못한 탓일까

사실은 모두 허상이었지

결국은 멀어진 별 사이만치
등을 돌려 유영할 수밖에 없었구나

새벽을 빌려 불면을 이유로
매일 밤 글자 속에
세 개의 태양을 끄집어내
밝게 비추려 해보지만

그래
모두 허상일 뿐이지

별은 별대로 흘러가게 두어야지

두 개의 별이 흩트러져
중력을 벗고 억겁의 시간을 날아
다시 만날 서로의 또 다른 별을

난 그것을 응원하려고

이것이 사랑의 특징
우주를 닮은 확장성이라 칭하며

은빛 옥외소화전

퇴근하고 있었어
가게의 문을 닫고
밖으로 향하던 중이었지

고개를 푹 숙인 채 있는데
구식 소나타의 전조등이 내게로 스치며
순간
내 앞으로 은빛이 한껏 반짝였어

너,
분명 내 앞에 네가 있었어
그곳에 쪼그려 앉아
날 기다리는 줄 알았지

그래

저 커다란 은색 소화전이 너일 리가 없는데

그저 반짝이는 물체라면

다 너인 줄 알지

어디선가 사랑이 무엇인가를 말합니다.

그건

상대가 잘 잤으면 하는 게 사랑이라 덥니다

너는 날 재워준다 하지 않았던가요

오늘은 더욱 네 사랑이 고픈가 봅니다

너의 왼 가슴팍에 묻혀 잠든 꿈을 꾸었거든요

복기는 가격이 없고

아직 좋아하나 봐
난 계속 시간을 산다
1분, 2분
1시간, 2시간
봄과 여름 사이
서울숲의 뻥 뚫린 전경
그 속 네가 걷는 모습
맑은 네 발걸음을 뒤따르다
행여 그마저도 놓칠까
두려움에 맞잡으려 뻗은
내 투박한 손
그 땀 머금은 지문이
6월의 습기와 곱해져
싫은 티를 낼 법도 한데

잔말 없이 윰 - 베어 문 네 입술
그리고 날 째려보는 앙칼진 눈망울
난 그것도 좋다고 배시시
그런 소탈한 시간
이것들을 사랑해서
자꾸만 사려 드는 나

중고적 사랑

사랑엔 실용이 없어야 한다
그건
수많은 번거로움을 감내할 나
네가 없음을 만들고
네가 없음을 누리고
네가 없음을 인식하고
네가 없음을 잊어보고
네가 없음에 착각하고
네가 없기에 채워보고
또다시
네가 없음을 느끼고
네가 없음을 애석해하고
네가 없음을 만든 것에 후회하고
네가 없음에 네가 있다며 꿈 꿔본다

사랑은 뭘까요

사랑한다고
다 사랑할 수 있나요
사랑이 뭡니까

길 가다 눈 마주쳤던 운명이란 사랑
어색했던 늦저녁의 알콜향 또한 사랑
깍짓손 땀으로 맞잡던 우리도 사랑이고
서로 심장 소리에 기대어 잠든 밤들도 사랑
나체로 춤추며 장난치던 것도 사랑
입에 넣어주던 까만 누룽지도 사랑
낯선 이에게 보내던 커다란 동공 마저도 사랑
귀가 찢길 듯한 분노, 그 또한 사랑
수화기 너머의 잊힌 목소리도 사랑
매일 되새기며 아파하는 지금의 사랑

이토록 내겐 모든 것이 사랑인데

저는 사랑을 했던 걸까요
사랑을 하는 걸까요
사랑은 뭘까요

감기

열병이 난다

이마는 스스로를 찜질하고
못한 말이 남았는지 목은 간질였다

대체 무엇이 타락되어 날 감싼 탓일까
나는 줄곧 추억들을 콜록거리며 내보냈다

네 생각, 네 잔재, 네 흔적이
손바닥 가득

내 속은 오직 너뿐이었나 보다

무명

이름 있는 자들의 영화 말미엔 두 남녀의 사랑 이야기
가 남고 이름 없는 자들의 영화 말미에는 세 남녀의
지독한 토론만이 남는다
그리고 우리는 꿈속에서만 끊임없이 재회하지

사라져라 사라져라
하는 나의 외침은 공기의 막중한 압박감에 막혀 당채
허파로부터 나올 생각을 못 하고 좌절된다

꿈이 무의식의 향연이라던가요
어쩌면 손잡았던 시간도 흐릿한 꿈처럼 남으련지 모르
겠습니다

앞에 앉아있는 오랜 당신을 내 옆으로 옮기고서 달리

는 열차 안
귓가에는 여러 셔플을 통한 센과 치히로의 어느 여름
날이 흘러
곧 이름을 잃어버릴 나

가끔은 삶이 무서울 정도로 내게 친절하기도 하지
가족에 대해 시를 쓸 때면 마치 알고 있었다는 듯 그에
맞춰 새로 업데이트된 지곤한 이야기를 듣게 된다거나
혹은 전에 썼던 가삿말들이 지금 내게로도 적용되어
그 동시성을 입증하는 어떤 망상에 휩싸이는 것처럼

그런데 말이야 나는 그런 거 싫어해
잘 가다가 책상에 다리가 하나 없다는 둥 뚱딴지같은
미혹의 문장들을

지난 모든 게 꿈처럼 떠다니는 이유도 관계라는 관념
이 만들어낸 착란에 가까운 거짓이기 때문이겠지
사실 미움과 애정은 같은 것이라던데

어쩌면 나는 이미 정해져 있던 필름에 속한 순간들일
지도 몰라
아마 그러겠지

유명한 영화는 마무리로 두 남녀의 사랑 이야기를 맺
어내지만 나는 이 시를 어째 열린 결말을 빌릴 것만
같은
그런 기분

善惡果 무화과

나의 마음 무화과 열매 밑동
그 작은 분자 단위의 구멍 뒤에

어찌 이 사랑 보일까

그래, 내 심장 찢어 파먹어라
과실 휘어 섞어 편지 날리련다

너라는 사랑 또 나의 열망이
꽃망울 닮아 펼치길 기도하여 닷새

이젠 나의 꿈 네가
삶에 가득하여야 하는데

사랑은 이리도 죄스러운가
결코 이쁜 모양 보여내질 못하네

피부를 갈라 진심을 보이고 싶다
아마 난 저주를 받은 건지

해 한번 해 두 번
낙엽 뉘엇 다 지고서야 물러버렸네

이제는 보일까
가득 익은 내 사랑

아니라면 그대가 내 멎은 심장
어서
한 움큼 베어 물어주오

Orange Summer

0:36

bustling city where bricks melt away im MIA

번잡한 도시, 벽돌이 녹아내리는 이곳에 나는 없어

lost on a deserted beach im a MIA

버려진 해변에서 길을 잃은, 나는 실종자야

tell you that i'm sorry, i've waitin, stupid im MIA

사과하려고 기다리고 있어, 멍청하게 숨은 채로

call me in the dawn, you save me pls i'm a MIA

새벽에 나를 불러줘, 나를 구해줘 제발, 나는 실종자야

you don't understand my feelings i'm MIA

너는 이해하지 못하겠지. 숨겨진 내 감정을

begin love, an eighteen-year-old youth MIA

사랑을 했어, 잊혀진 열여덟의 소년처럼

has become an MIA

진정 행방불명이 된 거야

pouring sunlight MIA

쏟아지는 햇빛이 사라지면

catching, MIA

찾아줘, 나를

damn fucking, i'm lost child bitchs

빌어먹을, 내가 길을 잃은 애새끼처럼 굴었던 거야

that's the way every day goes

매일 그렇게 하루가 흘러

it's fucked up, yes i am MIA

다 망쳤어, 그래, 내가 숨은 거야

im still am MIA

난 그저 도망친 거야

if I go to the party i'm a MIA

그 파티에 가더라도 난 실종자일 뿐이지

i'm a MIA

나는 실종자

my heart pumping till it turn gold im a MIA

내 심장이 금빛으로 터지도록 뛰어, 나는 실종자야

1:36

i thought I would become Romeo

나는 내가 로미오가 될 줄 알았는데

we are without the cream, an Oreo

우린 흰 크림이 빠진 오레오였지

your voice is like an old audio.

네 목소리가 낡은 오디오처럼 울려

now don't care anywhere, throw on robe

이젠 어디든 상관없겠어, 가운을 걸친 채로

still hanging from my lips, the Marlboro

여전히 내 입술에 매달린 말보로 한 개비

now we've become one. try nox

이제 우리는 하나가 될 거야. 녹스를 삼켜봐

to sleep well alone is my hope.

혼자서도 잘 자는 것이 내 유일한 소망이니까

but don't break your back for me im a MIA

하지만 나 때문에 힘들진 마, 나는 실종자니까

i'm here, but don't count on me to stay im MIA

네 옆에 있을 나를 기대하지 마, 나는 사라질 거야

do you think I can be happy? im a MIA

내가 행복해질 수 있을 것 같아? 나는 실종자야

tell me you love me, im a MIA

사랑한다고 말해줘, 나는 실종자야

pls Tell me once again, im lost. Mia

제발 한 번만 더 말해줘, 나는 길을 잃었어. 미아야

im lost Mia

어디로 가야 해

im lost Mia

난 사라졌어, 미아야

im lost Mia

나를 잃어버렸어, 미아야

Richard Mansfield

내가 너에 대해서 사실적으로 적는다면 그건 살인과도
　같겠지
얇은 연필심을 깎고 또 깎고 계속 연마해서
결국엔 네 살결, 그 표피를 소용돌이치게 하면
분수처럼 뿜어 보이기 시작할 나의 영감
그건 아마 환상통에 가까울까

몇 번의 수필을 적어봤어 사실
솔직한 글을 적는다는 거 좋아
근데 그게
너의 살결을 깎아야만 하는데
넌 괜찮냐고
그러려면 난 더 악해져야 하는데
얼마나 더 널 상처 먹이라고

내 시가 세상을 이겨 먹기 위해
널 제물 해야 한다고

그게 난 너무 아프다는데
그저 떠오르는 거라곤
따시고 말랑해서 침대에 눌어붙은 너의 뒷모습
그 목 사이에 집어넣은 내 팔베개뿐인데

청순의 병리학

냉각된 공기와 새하얀 눈이 만나면
모두가 청순을 빌고 기원한다
포옹하는 사람들과
거리를 뒤덮은 붉고 화려한 장식들
한 겨울 네 피부도 눈밭에 비추어져 희다
그리고, 나도 너를 안는다

시체
너는 곧 창백해진 것이 주검
이 계절을 닮아 결핍과 죽음을
나는 너에게로 작은 동경을 더듬으며
안쓰러움과 그리움
계속해서, 나는 너를 안고 있다

생명의 박탈

죽음으로 곧 되살아날 청순

너의 유한함이 자각되며

존재는 신앙이 되어갔다

진단 :

질환이다

우상에게 바치는 마지막 시

찾아온 문장의 마감
펜을 잡은 지 두 해
찬란함을 갈망하던 내가 진정한 그녀에 대해서는 단
  한줄도 적어내지 못했다
조여드는 톱니와 시계초침이 칼날과도 같다는 클리셰
긁어오던 신경은 마침내 측두골을 찢었고
기억은 쏟아진다
나는 너의 많던 것을 잊었다

오직 램프 빛에만 의존하는 지금
탁상 위 오래된 백지와 이지러지게 똬리 튼 흑연들
내가 저 검은 뱀들의 목을 잘라 그대에게 재차 사랑 받
  으리라

나의 우상

새하얀 제단 위 속박된 너의 모습
울부짖는 신음으로 쓰여지는 데셍

우상
두려워하는 나의 우상

지나갈 것들은 지나가도록 두는 것이 아름답다는 생각
나 가슴에서 자연스레 떠올려지는 주홍의 감광
여든 한번째 제물
너를 되살리기 위한 참배의
끝, 終

우리는 서로의 노예이자
영원에서 분리된 채 사랑하는 까닭

이별이라는 마감

완성을 위한 결말을 타협해야만 하는
불완전의 방치
훼손조차 불변하는 세계로의
가시같은 선율

그러므로 내가 그대를 불러내야 하는 것
지금부터
우리의 이야기는 종결
내가 제일 마지막으로 써야만 하는 시는
우상으로 바쳐질, 그녀라는 시

* * * *

뒤집힌 계절

溫涼 온량

뜨거운 열병이 머리 위로 쏟아지던
8월의 서울숲
빌딩에서 부서져온 햇볕에
눈가를 찌뿌리던 너는 말했지

겨울이 좋다고 했던가
새파랗게 추운 날에는
웬만한 미지근함에도 온기를 느낀다고
부르튼 입술로 지어내는
사랑 고백이 더
듣고프다고

나 그래서 겨울까지 기다렸어
이젠 눈이 가득 내려

축 식어버린 너와 나의 거리
그곳에 까마귀들의 목을 꺾어
따신 핏빛 물감으로 잔뜩 도색 시키고
온량으로 물들 내 두 손
너와 맞잡고 함께 건널 레드카펫에서

滿月 만월

까만 창공 가득한 이곳에서
유일한 흑백을 벗어던진
네가 가득 채워졌구나

너도 태양을 닮으려
오로라를 펼치려는 걸까
내려놓은 안경
그 맨눈으로 바라본 너는
둥근 표면을 어찌나 쏘아붙이는지
생기 가득한 웃음이 일렁이는 것처럼 보여

나 그런 너를 더 요밀하게 관찰해 보려고
방안의 모든 빛을 껐단다

이 다음 너의 목적지는 어디니
어디로 이동해야 하길래
구름차에 사뿐 올라타서는
건물 뒤로 점점 사라지는 거야

가지 않았으면 좋겠어
은은하게 펼쳐지며
내 몸을 투영하는
그 무해한 빛이
나는 너무 좋아

너라는 인식
그 첫 순간부터 계속
환희롭기만 한데
그렇게 말도 없이 가버리면
난 어째야 하는지

어두운 방에 혼자 있을 테니

조금만 더 천천히 사라질래

네가 보고 싶어
많이

봄죄

틈틈이 너에게 약속했던 거 같다
봄이 뜰 때 하얀 진달래를 사 가겠다고

사월은 마음을 여는 달이라며
반짝이던 네 눈빛이 나를 달래주었는데

어젯 날엔 빗소리가 집 창가를 두드리며
나에게 찾아왔었어

어째 날씨는 벌써 매미를 깨우는 거 같은데
넌 왜 여기에 남아 있느냐고

반 박자 빠른 너의 걸음을 따르던 나는
어느새 빗물에 패인 발자국만 보였고

그런 흔적 속에서도 쉽게 찾아졌던 건
밟힌 진달래 한 송이 정도였지

이제 하얗던 꽃말은 흙색으로 섞였으니
우울한 우연만을 기다려야 할까

네게서 죄를 찾고만 싶은데
글쎄,
진달래 한송이 밟고 간 것 말고는

Cat Bunting

하루 종일을 네 생각만 머릿속에 가득!

이거 꽤 힘겹구나

이리저리 고개를 휘돌면서
무게를 버티려는데

내가 좀 안쓰러웠나
비도, 버스 창을 두드리며 보채고 있어

한 번 네 가련한 어깨 위로
툭, 쓰러져볼까?

그 사람과 섹스하지 마요

그 사람과 한 침대에 눕지 마세요
그는 당신을 사랑하지 않아요
그 사람과 술을 마시지 마세요
그는 당신을 놀릴 뿐이에요
그 사람과 같은 길을 걷지 마세요
그는 당신을 특정한 곳으로 유인할 뿐이에요
그 사람과 같이 씻지 마세요
그는 당신에게 욕정만 가질 뿐이에요
그가 당신을 안게 되면
또다시 가득 부서질 거예요

甜蜜蜜 Tian Mi Mi

P. 가본적도 없는 곳을 그리워하게 되는 병이 있다
아마 옛 영화들을 몇번이나 되감아 보다, 그 세계로 속해져버린
불쌍하고 야만한 이들

I. Hongkong
테레사 텡의 노래, 침사추이의 비, 맥도날드의 노란 불빛, 페리 매연, 수많은 옥색 우산-만남과 도피

II. Newyork
메트로 카드의 마찰, 비자 만료일 캘린더, 낡은 동전 세탁, 붉은 벽돌, 거리의 연기-도피와 만남

C1. 내게도 병은 있다

나는 홍콩과 뉴욕에서 줄곧 같은 얼굴을 그리워하고 있다
그들은 매춘부를 사랑하고, 배우를 사랑하며, 돈을 사랑한다
이 세가지는 모두 기만과 연관되어 있다

C2. 가본적도 없던 익숙한 이 곳에서 너와 같은 방향을 바라본다
그리고 날씨는 곧 추워지고 비가 내릴지도 모르겠다
나는 너의 단추를 잠그고 다시 풀었다

E. 이 모든 것들을
어디선가, 어디선가 봤던 것만 같다

환상약국

네 동공은 블랙홀
눈 흘김 그 2초에
입자까지 너의 방향으로 끌려간 나
치우치는 몸을 제어하지 못하고
오른발을 너에게 한 뼘 가깝게 지탱하고 말았다

이쁜 너의 눈 뒤편 망막에는 무엇이 담겼을까
날 잡아먹으려는 듯한 너의 동공이
잔뜩 성을 내며 확장한 것을 보니
너 또한 나를 탐하고 있는 걸까

아마 그 안으로 빨려 들어가면
오색가지 신세계가 날 맞이할 것만 같은데

그런 내 심장은
분당 140회를 치솟는 힘찬 발길질에
대놓고 네가 날 살펴봐 주길 원하는 건지
발톱 아랫 속살도 함께 약동을 뛰고

그래
이런 내 심장을 가져가도 좋아요
나 그대에게 의지할게요
두 손으로 이쁘게 받칠 테니 어서 가져간 뒤
먹으며 날 안아줘요

가난한 시인의 재즈

와인은 어째서 비싼 걸까
너와의 로맨틱을 바라는 난
이 시간들을 지불해야만 하는데
내 신세에도 찰나의 고민 따위 없었다

나는 네 손깍지를 꼬옥 쥐고서
무대 위로 향했다
삐걱대는 강단의 계단을 발판 삼아
비로소 조명 아래 도착,

그런 우리의 옆
파인오디오의 오래된 빈티지 스피커에서는
줄곧 빌 에반스의 피아노 건반이 삐져나왔고
열화된 음질을 들킬까 쉼 없이 말을 지었다

처음 먹어본 포트와인과 건조한 재즈의 합
허나 와인의 이름 따윈 기억에 없다
그저 노란 지폐 한 장 이상의 가격
그것만이 값진 이 시간을 대표할 뿐이었다

난 나의 양 주머니 속
쑤셔져 있는 여러 명세서들을
오른손에 다시금 구겨 지우며
왼손으로 삐뚠 서명을 한다

불안한 글씨체만큼이나
난 네가 좋은 걸까
온갖 무지개색 꿈들이 방출되는 이 기분

내 모든 결핍까지도
사랑해 줄 것만 같은 착각
그러나 매 순간 내가 내보여야 할 최선의 수
이 또한 거짓이라면 거짓일지

난 앞으로도 보고 싶음을 열망할 것만 같다
날 예쁘게 만드는 네 눈빛
명랑한 침묵의 웃음과
달콤한 브리치즈의 새하얀까지도

[illegible] 치. 난 그냥 내가 좋아서 시작한 [illegible] 가였으 [illegible] 안 했어. [illegible] 쓰라 그래. 우리가 [illegible] 있었던 [illegible] 때문이야. 빨리 [illegible] 헤어져, [illegible] 했잖아. 남들에게는 [illegible] 말했지만 [illegible] 상처였던 걸 [illegible] 안 [illegible] 찾아가 [illegible] 같아서 있는 힘껏 오랫동안 견뎠을 뿐이야. 그리고 나도 힘들었어. 진짜

이럴 [illegible] 좋았다고. 맨날 나 때문에 [illegible] 날 쳐다도 안 보고 [illegible] 할머니 됐으면 좋았다고.

[illegible] 옮기자.

아, [illegible] 난 너를 [illegible] 사랑 [illegible] 거짓말은 안 해. '[illegible] 절대 [illegible] 않고 [illegible] 절대 헤어지지 않을 거야, 영원한 사랑을 약속할게,' 이런 약속, [illegible] 해. [illegible] 너에게로 돌아갈 [illegible] 거야. 어떤 [illegible]쁨이 찾아와도 [illegible] 또다시 몇 개월, 후 및 [illegible] 거라고

너는 잘 [illegible]겠지만, 난 서울에 [illegible] 이후부터 지금까지 모든 순간이 너였어. 우리가 마주친 순간 첫눈에 [illegible] 집 청소 [illegible] 여기에 [illegible] 쓰고 또 이어서 [illegible] 내 모든 순간에 너를 빼놓으면 네가 [illegible] 채워주면 [illegible]

그리고 [illegible] 보게 되

[illegible] 항상 [illegible] 선물을 매
[illegible] 한
상을 [illegible] 주겠다고 했지 [illegible] 사랑받은
기억이 [illegible] 자리 잡아.

아팠던 것들보다.

내 말 들었어?

맞다.

차곡 [illegible] 겹치
는 [illegible] 있
어. 그럴 [illegible] 잡
밥 실컷 해주고 [illegible] 쉽게 안아줄게

내 [illegible] 하고 싶
지 않 [illegible] 게든.

너랑 계속 같이 있고 싶단 말이야. 나 [illegible] 잖아.
너 없이 [illegible] 버린 거야 이거. 네
팔베개 [illegible] 자려고.

사실 난 혼자 있을 때 [illegible] 척하
지 [illegible] 지켜주

별사탕

미안, 네 눈물이 별처럼 또롱거리네
옆으로 자리를 옮겨 가득 널 안아보아도
울음이 멈추지 않는 까닭이라면
날 선 눈물 뭉치들이 볼을 긁고 있었기 때문이려나

내 속은 시꺼메서 빛을 봐야 하니까
모난 네 아픔이 멈출 때까지
얼굴에 묻은 별사탕들을
하나, 둘, 함께 삼켜줄게

네 뺨에 닿은 내 입술과
혀의 온기를 하여금
둥글게 변할 별사탕일 테니

자, 이제 한번 봐볼래?

별사탕도 이렇게나 깎아서 먹으면 아무도 다치지 않을
  거랬어
둥그런 사탕에는 다정함만이 가득 담겨 있거든

지금부터는 내가 보여준 사랑이
갈증 난 네 눈꺼풀과 입술에도 목을 축여주러 또로록
  달려들 차례야

어때,
달콤한 것을 향한 너의 식성은 여전히 담대해
엄청 부풀었잖아
눈 코 입이 가득 반짝여!

우리는 하나의 하얀 고치가 되어

나는 집에 있던 모든 흰색 의류를 모아서
종일 해체하는 것에 집중했다
그러고는 풀어진 흰색 섬유들을 다시 온대 합쳐
포슬포슬한 흰 담요를 만들었지

봐, 이건 오직 너의 눈부신 밤을 지어내기 위해서야
곧 추운 겨울이 올 테니까
이 새하얀 방벽 안에서 끌어안고 함께일 꿈을 꾸려고

하여 잠에 들 예쁜 네 미소를
온전히 내 가슴에 보듬게 되면
곧 네게로 흡수될 내 신체

의식을 잃은 네 손목을 잡고

내 심장을 한 움큼 쥐게 만들어
도톰한 저 입으로 넣어줄 나

비로소 너의 공허 속을 동행하게 되면
하나 된 꿈 속에서 손을 맞잡은 채
의식적인 노란 봄만을 찾아 거닐겠지

모든 악으로부터의 도망
그것이 끝나고
사라진 나의 형체를 기억하지 못한 채
네가 눈을 뜨게 됐을 땐

펼쳐진 푸른 잔디, 온 분홍 꽃밭들과
5월의 별으로부터
익숙한 온기를 느끼게 될 거야
그때 너는 잘 잤다며 기지개만을 켜면 돼

Can I have a bit of sugar

네 목에서 무슨 체취가 나는지 알아?
네 목에서는 말이야 정말로
진심, 연분홍으로 물든 설탕향이 나

뭐랄까, 도저히 널 안고 있으면
내 심장이 손의 모형으로 변해서
가슴을 뚫고 뻗어져 널 안으려 하는 것 같다니까
그런 널 두고 어떻게 맛을 보지 않을 수 있겠어

대차게 소리치는 심장을 대신해
내가 혀를 가져다 대면
넌 또 녹아버릴 거잖아, 그치

아마 한껏 눈을 찡그려 용해되길 거부하려 들겠지만

그렇기에 더욱 물에 닿은 설탕같이 굳어진 채 무너질
  것을 알고 있어

잔뜩 새빨개져서는
너의 그 작고 귀여운 귀로
항상 내 말에 주워 기울이는 것을 좋아했으니까

호흡, 박자
파열음, 반모음

아, 하
키스해 줘, 사랑해

넌 내 잠옷을 뺏어 입었으니까
나 또한 그에게서 네 몸, 뺏어 가는 것이 당위성에 알맞지

사랑이 정신적 교류라는 말에
난 너의 해로움이 되고 싶다며 답하였다

아니야
내 사랑의 주체는 행위야
육체만이 사랑을 표현해
너도 그 말을 믿었던 거잖아

그게 이유야
자신을 세심히 지켜봐 봐
넌 어느 때보다 절실해
여전히 나로 인한 신체의 폭사를 원하잖아

또한 나도
너의 해로움이 되길 원하니까
그 순간들을 두려워할 리 없는데
네 어떤 주춤거림이 나를 막아서는지

난 복잡한 사랑은 싫어서
그냥 네 멍한 눈빛만을 보고 싶어
진심이란 속내를 여미지 않고서
널 가득 보고 싶다는 말이야

그대의 살픈 웃음이 염증처럼 다가온다

눈웃음이 해로울 것이라는
생각을 아예 못 하는 것 같아 너는

날 죽일 셈이야?
진짜로?

너는 나를 아프게 하는 것에 도가 틔었어
항상 두 볼을 붉게 만들지
나쁜 년아

넌 세상 사람 모두에게 친절하잖아
그래서 나한테도 마음 없는 말 하는 거잖아
이 나쁜 년아

네가 나 싫어하는 거 아는데
뒤돌아서려 마음먹으면
어째 또 시 한번 들려 달라며 붙잡을 너

그 거짓말
내 모든 혼란은
모두 너의 몽실한 입술에서부터

그렇게 솜사탕을 닮아 입꼬리를 찢은 너는
크로커다일이야
네 입에 고이 넣어준 내 진심을 잘근 씹어대는
식인 악어

애착의 종자

네 엄마는 나를 죄악시 여기나 봐
어김없이 오늘도 안 좋은 꿈을 꾸셨다며
너에게 전화를 주셨네

아마도 날 악귀 정도로는 보는 걸까 자기야
내가 너를 마주 보는 있는 그 하나로도
나쁜 놈이 되는 거야 나는, 그치

난 이렇게나 너에게서 악함뿐이라
네 엄마가 널 지키려는 걸까
자식새끼 감싸는 건 당연한 거니까

근데 네 엄마 말이 맞긴 한가 봐
사실 우린 서로 못 죽여 먹는 원흉이었잖아

어제도 서로의 폰을 던지고 옷장을 넘어뜨렸지

그래
가라 엄마한테
어서 멀어져 제발

우리같이 애정이 결핍된 종자들은
서로를 채워줄 수가 없어
갈망마저 더 뜯어먹기 바쁘다고

그니까

다른 사람들이 너한테 그랬던 거처럼
너도 나를 버려
눈부신 복수로 모든 걸 끝내라고 제발

Needy

저 마지막 말을 뒤로하고 며칠째 오지 않는 너를 그리며 난 더 망가지고 있어 솔직히
제정신이 아니기는
했지
강박적인 집착을 너에게로 쏘았으니 난 버려졌던 거야
확실한 거라면
나는 너를 기다리고 있다는 거겠지 모두가 내게 잘못된 선택이라 할 때에도 여전히 사랑만을
했을 때처럼
그래

네가 날 채워줬을 때를 기억해
내 결핍이 화려한 치장으로 겨우 가려지던 때
네가 그 빈틈 사이로 처음 들어왔지 그리고

그리고 또다시 나는 애정에 굶주려져 버렸으니까

베이지색 발레아쥬와 누드톤의 비싼 온갖 의류들로 몸을 가득 덮어둘 거야
그렇게 하면 네가 다시 찾아올 테니까, 네가 나의 가면을 벗겨주려던 감촉들이 내 모든 허기를 이어 적셔줄 테니까

알았어
네가 이긴 거야
이제부턴 바라지 않을게 아무것도
네가 그저 내 옆에 누워있기만을 바래

네가 뭘 하고 있던 하려 하든 궁금해하지 않을게

내 모든 과대망상들을 약으로 삼킨 채
돌아갈 날 기다릴게

믿을 수 밖에 없네

거짓말
네가 나와의 만남을 위해 남자 친구에게 한 말
거짓말
손잡고 걷자던 밤거리에서 내가 한 말
거짓말
네가 날 거부해도 계속 다가갈 거란 말
거짓말
밤새 보듬고 뒹굴린 우리의 탄성
거짓말
잘 갔다 오라던 아침 인사
거짓말
나를 만나면 안 될 거 같다는 말
거짓말
네 남자에 질투해서 복수 한 거라는 그딴 말

거짓말

꺼져버려 너 안 사랑해

거짓말

솔직하지 못한 나를 죽여

거짓말

진심이란 건 감정을 보여낼 때나 전달된다는 말

거짓말

욕지거리밖에 안 된 하룻밤의 별

거짓말

네 목에 남겨진 걸 보고도 용서해 준다면 그 남자는 병신이라는 말

거짓말

사람은 죽게 되면 가장 돌아가고 싶던 순간으로 회귀한다는 말

거짓말

私愛 사애

숨기려 할수록 드러나는 것이 본심이라
더욱이 보이려 애썼다
이런 내 속내는 꼬이고 썩어서
장이 뒤틀리는 것만 같은데
혼자였던 너는 어땠을까

내가 기어코 함께했던 여태를 찢고 오려
어렵게 쓴 너라는 모든 시
그걸 자신인 너조차도 몰라주면
나는 어째야 하는지

그래
너와 다르게
외톨이인 나는

널 죽이고 싶다
수십 번 수백 번

다시 되뇌어도
결국 돌아온 건
애틋함이란 메아리

이런 내가 죽어야겠지
그래
내가 죽어야지
나를 죽이고 싶다
내 두 눈을 파서
주고 싶다
그렇게 네 입 가득 사탕처럼 넣어주고선
몸속에서
그 본심을 읽고 싶다

금빛 황홀경

그래 이제야 퍼즐이 맞춰지네
내 돈 시발
네가 다 가져갔지
네가 얼굴에 바르고
네가 입에다 넣고
네가 몸을 덮고
네가 걸을 수 있고
네가 씻을 수 있고
네가 집을 꾸미고
네가
네가 이 년아
내가 빚까지 내서
널 사랑해 주는데
네 입에서는

왜 내가 만나는 놈들은
다 이따구냐는 말을

넌 기어코 날 지옥으로
끌어내리는 걸 즐겨
넌 날 범죄자 그 새끼와 동일하게

역겨워하고 두려워하지
네가 그렇게 욕하던 그가
결국엔 내가 되어버리는
그런 추악한 결말을
너는 지어내는
뛰어난 문장가
소름 끼치는
너의 작문
난 한참 멀었어
너의 악랄함을 빌려 표현하자면
난 개미

땅굴에 물을 붓는 너

물에 비치는 햇볕

반짝이는 황홀경

쏟아지는

파도에는

내 얼굴

반사되고

범람 된

악마의 형상

내 사랑은 토사물

내 갈망을 모두 너에게 부었다
너의 갈망 또한 내가 모두 삼켰다
거칠게 목젖 사이로 우겨 넣고서도
차마 끝까지 소화하지 못한 건
입맛에 맞지 않아서였을까
종일 토해낸 사랑의 부유물은
악취를 머금은 찌꺼기만도 못했다

그렇게 돌고 돌아 역행해 버린 우리의 사이를
난 토사물이라 부르게 되었다

잠시만 눈을 감고 멸망에 잠긴 폼페이를 상상해 봐

한번 여름을 올려다볼래?
여기 하늘에선 붉은 비눗방울들이 떨어지고 있어
닿으면 아마 부서지려나

우린 거품같이 연약하던 지난날들 사이로 걷고 있어
저 추락하는 둥그런 것들에선 황홀경 같았던 우리의 모습들이 비춰 보이고
나, 다시 한번 잘 살아보고 싶었어 같이

딱 하루만 손잡고 걸으면 여길 벗어날 테고
눈이 가득 내리는 곳으로 가 멸망을 피할 것만 같았는데
넌 내 손을 놓아버리고서 여기 거품 속에 잠겨 있겠다 선언하다니

그래, 상상이 끝나면 이 세상도 다 사라질 거야
비로소 나도 너를 따라 발걸음을 멈추고
지난 모든 것들에 파묻혀 생존했던 시간을 부정당하겠지

몸종

꿈을 꿨다
어떤 년이 지 인스타 부계에서 날 욕했다
<몸종>이라고
유찬이는 내가 부르면 지금이라도 달려올 거라며
더러운 놈이라 적어놨지

난 그저 밤 시중드는 노비인가
내가 그걸 보고 불만을 표출할 때 넌
왜 변명하기 바빴니

내 이름을 지어다 먹은 것에 대해
적절한 금전金錢을 바란 것도 아니었는데
난 어딘가에서 걸레 직전 행주가 되어버렸고
와중에도 사과할 거면 얼굴 보고 하라 말하게 되니

아마 네 말대로 몸종이 맞는 건지

너 말고도 많은 고도高度한 자들의
성 상납을 일삼았기에 난
아마 평생 이런 취급받는 게 맞겠어

부르면 달려가고, 7시간을 바치고,
해가 뜨면 다른 이의 밤 속으로 또다시 꺼져야지

넷

음험한 년
넌 내 그것만 보고 싶었던 거지
목선을 따라 흐르는 땀방울을 먹고팠던 거고
그냥 외로운 네 체취를
달게 맡아줄 누군가만 원했던 거야
그냥 그랬던 거야 넌

1. 소년이 사랑에 빠지는 이유는 뭘까요

2. 다들 사랑 잘 하시나요
3. 교복을 입은 채 미소 지은 남성 11.19
4. 청소년이 사랑에 빠지는 이유는
5. 자신을 상대방과 동일시 하기 때문입니다
6. 탐스런 살색 엉덩이로 웃어 보이는 엄지 12.17
7. 사랑에 빠지지 않는 사람들의 특징으로는
8. 혀를 많이 쓴다는 이유에 있습니다
9. 혀에 박힌 피어싱을 자랑하는 거뭇한 동양인 12.28
10. 가슴에 봉긋한 돌기만을 가린 여성의 상체 1.17

1.----.1 2.----.2 3.====.3 4.----.4 5.----.5

6.====.6 7.----.7 8.----.8 9.====.9 10.====.10

ㅇ

ㅣ ㅣ

ㅣ ㅣ

　ㅇ

\----------

난 눈을 떴다
크리스마스도 새해도 지나있었다
우리의 이별 그 이후로
난 여전히 너의 꿈을 꾸고 또 꾼다
그러다 오늘 다시 깼을 땐
내 고향 마동의 침대 위 거꾸로 누워서
똑같이 잠에서 깼던 너를 발견했다
너의 머리맡 벽지에는
폴라로이드가 길게 널려있었고
사랑에 빠지는 이유라고 적혀있었다
우리는 동시에 같은 시선으로 읽었다
1부터 10까지

저 살색의 적나라한 사진들 밑
날짜로 추정된 숫자들
12.25
크리스마스의 사진은 없는 걸 보니
여전히 우린 서로에 대한 배려와
사랑으로 그리워하고 있던 걸까

나는 내 어깨즈음에 놓인 네 발에 살짝 팔이 닿여
전기가 통하듯 움찔거렸고
그렇게 상체를 들어앉았다
무언의 침묵
난 너의 손을 건드려 보았다

내리 녹은 마음
너는 내 손을 도리어 세게 잡으며 웃고
일루와봐ㅋㅋ
어떻게 지냈어

하며 날 너의 허벅지에 눕혔다
우리 사귀는 사이 아니잖아
이러면 안 되잖아
하며 웃는 나의 입
넌 항상 그런 식이야
강렬한 너의 마지막 입 뽀뽀

난 그렇게 눈을 감고
단잠에서 깼다

523

가을 낙엽이 무수한 날
왕릉의 전망대는 높디높다
그런 나의 시선 정중앙에는
왕릉의 끝내주는 경치가 아니라
너의 뒷모습이 있었다

내 발밑엔 사각 벽돌 하나
사진기를 닮은 그것을 사뿐 들어
우리의 추억을 찍지 않고
너의 머리를 내리찍었다

꿈을 꾸는 것인지
몽롱하게 탁해진 네 눈빛과
부채처럼 펼친 긴 머리칼은 검붉게 빛나고

처음 느껴보는 감정이기 때문인가
너는 그걸 진정시키려
줄곧 숨을 꺽꺽 내쉬고 있었다

나는 너의 움찔거리는 몽롱감을 끝내려
개업 행사의 풍선 같은 몸뚱이를 들쳐메고
왕릉의 끝 모서리에서
끙끙거리며 던졌다

걱정하지 마
내가 다 해결할 거고
이것만 끝내면
모든 평온이 찾아올 거야

나만 믿어
나만 믿어

나만 믿어

연극을 끝내고

간밤에 꿈을 꾸었습니다

내 앞에는 반가움에 해맑도록 큰 미소 짓는 여인이 있었습니다
그대와 나는 오랜 연인처럼 반갑게 서로를 껴안고는
가까이서 짙은 눈빛을 건네받았죠

여전히 우주를 닮은 눈, 온화한 갈색 머릿결, 말콩한 뺨.
그대는 여전했습니다
터질듯한 심장이 우리의 거리를 초월하듯 했어요

이렇게나 잔뜩 몰입을 이어가던 나였지만 그대의 까만 동공 속, 절대 비치지 않을 리 만무한 나의 모습,

저 데네브처럼 빛나던,
그런 나의 모습이

순간 비치지 않는 것을 보고서는 이윽고 이것이 연극임을 알아버렸습니다

아, 어째서 이것이 가짜란 걸까요

그저 나도 정해진 각본에 충실한 연기자일 뿐인가요
그토록 바라던 황홀을 마주하나 싶었는데 또다시 거짓이라뇨
누가 이런 각본을 내게 보이는지 모르겠습니다

제 역할도 결국은 그런 걸까요
모든 허탈함과 배반감을 뒤로하고서 의무를 마쳐야 하죠
그건
남은 대사를 끝내고 잠에서 깨는 것입니다

잘 가, 내 사랑

어둠의 애인

합정 초고에서 탐닉을 읽는다
제일 강렬했던 한 줄은
‘내가 알아볼 수 있는 것은 그의 육체뿐이다’
그래 나는 너의 얼굴이 눈에 잡히지 않는다
또한 울고 싶을 만큼이나 욕망이 온몸을 차고 올라온다

이곳에서 알리오 올리오를 먹으며 생각한다
나는 그날 너와 키스를 했었던가
그 행위에 대해 잘 기억이 나질 않는다
분명 사랑의 결정과 같은 의식은
그날 밤 배제되어 있었던 것 같다

탐닉의 맛은 영 붉은 새콤함
액체 위에 잔뜩 놓여진 거품과

그려진 하트 3개
아랫물을 거르지 않고 함께 마셔보아도
거품은 끝까지 남아 사라지지 않는다

사랑을 다해 사랑했노라 했던 이와
사랑 빠진 사랑을 나눈다
질기게 사랑만을 타령하는 내가 촌스러울까

초파리가 입술을 향해 날아왔고
난 버번위스키와 캐러멜 씨 솔트 초콜렛
또 저년의 주둥이를 함께 키스한다
그렇게 네 마지막 양심을 배려한다

팔레놉시스

결국엔 죽어버렸구나
눈 감으니 내 앞에 펼쳐진 건 네 장례식 현장
많은 이들이 찾아와주었어

개중에는 지들의 결혼식 사진을 위해
식장 앞에서 스냅 촬영을 열심히 하고
또 나머지는

또 나머지는 구석에 짱박힌 텔레비전을 보며
나를 조롱했지
네 장래에는 내가 없다고

맞네, 난 너의 회색빛 사진을 살짝 보고는 차마 인사까
진 하지 못했어

이게 현실인지 분간이 가지 않았거든
나와 헤어진 것. 네가 죽은 것. 스냅 촬영. 날 조롱. 그 모든 것들이

이 장소를 수놓은 더러운 원숭이들
그것들이 매우 질리게만 느껴져 집으로 발걸음을 옮기려던 내게
한 명의 남자가 눈에 띄었어

연한 색의 원목 책상과 사무용 등받이 의자에 앉은 한 남자
그가 네 남자 친구라는 것을 난 바로 알았지
그에게로 난 다가갔어

무슨 증오가 있던 건 아니야
왜 너를 지키지 못했냐, 넌 대체 뭘 한 거냐
문책할 생각은 일절 없었어

대신 난 그에게 말했지
“너는 슬프지 않냐?”
왜냐하면 그는 울고 있지 않았거든

그는 대답했어
“당연히 슬프죠. 근데 배가 너무 고파요.”
그는 똘망똘망 사슴 같은 눈망울에 작고 두툼한 입술,
그리고 흰 피부를 가졌어

그의 코에서 작은 물방울이 맺힌 것을 보고 난 휴지를
건넸지
그러자 그는 코를 흥 풀고는
나보고 안아달라 했어

그럼 내가 어쩌겠어
안아주고 위로해 줘야지

“짜장면 좋아하니?”

그는 나보다 나이가 어린 걸까
"네, 형."
이라고 대답하네

난 네 남자 친구를 꼬옥 끌어안은 뒤
한 손으로는 휴대폰을 열심히 만지며
짜장면을 시켰고

무슨 심경의 변화인지
난 다시 너의 사진 앞에 인사 하러 가려는 용기가 생겼어
결국 이곳에서 나 말고는 널 위할 사람이 없다 싶었던 게지

안개

자욱한 화약들이
안개처럼 가린다
여전히 청명한 네 눈빛은
이젠 무엇을 봐야 할까

일렁이던 별빛들도 가려
무엇을 비출지 길을 잃고
앞을 휘젓던 네 손도
이젠 멍하게 흩어지는데

내 조촐한 힘이라곤
손에 쥔 까만 심뿐이라
염치를 불고하고
이리라도 네 시야에 진심을 펼쳐 적는다

나는 네 손을 잡아주고 싶어

우리의 새끼손가락 엮고서

함께 헤쳐 나아갈 약속을 하며

빈 방

떠나볼까
여긴 날씨가 맑아 자기야
네가 날 이 방에 두고 멀리 집으로 돌아갔으니까
나도 가려고.
절대
너의 뒤를 쫓아
따라간다는 건
당연 아니지만.

내 손. 잡아줄 사람
나 슬플 때 안아줄 사람
없으니까
내가 내 손을 잡아주려고.

양손 맞닿은 그 중간에
날붙이와 함께 기도 올리면
난 이제 외롭지 않을 거야

잊혀지는게 두려우니까
네 고통

극한의 트라우마로 남아서
평생 남겨지길 택할게.

내 객기
넌 기억해 줘야지
그렇게라도 널 채워주는 게 내 의무니까

내가 나일 수가 없다. 정신이 나를 삼키고 마음은 떨어진 폭포수처럼 하얗게 부서진다

주방에서 식칼을 하나 빼 들었다
양손으로 쥐고서 머리 위로 든다
칼날은 정수리를 향해 침을 보이고
나는 벌린 입술 사이 세치혀를
반으로 가르며 목젖으로 내린다

해방.

이건 뜨거운 여름의 햇볕을 식히려
뇌우처럼 내리쬐는
혁명
삶은 사랑
사랑의 또 다른 이름은 고통
어째서 우리는 이토록이나

하얗게 부서지는가

雪國 설국

돈을 잔뜩 벌게 된 뒤
시간 부자가 되면
난 모든 것을 털어
북극행 크루즈에 올라탈 거야

그곳에서 안전한 목지牧地를 택해
통나무로 된 이쁜 노르웨이풍
집 하나를 지어놓고
매일 눈에 대한 시를 쓸래

네가 보고 싶어 하던 새하얀 함박눈
내가 대신 시야에 담고
네가 느끼고 싶어 하던 찢어지는 북풍을
내가 대신 피부에 대면서 말이야

그렇게 천천히 내 몸은 희게 열어지고
얼음마녀의 폭풍에 감겨
동그란 눈사람이 되겠지
이곳 설국의 여느 문지기들처럼

나 또한 네가 올 때까지
이 자리에 평생을 지켜 서 있을 건데
혹 설인들에게 치여 눈밭 사이로 흩어질지 모르니
조금만 빨리 만나러 와주길 바라

올 때 장갑은 꼭 두 개 챙겨서
네 손이 둥글게 얼지 않도록 하고
하나는 웅크려진 손이 더 커지지 않게
내게 입혀줘

물론 목도리도 두 개 챙겨
하나는 네 목에 고이 감고

하나는 내 몸집이 불어나지 않게
나에게 감아줘

색은 붉은색이 좋겠다
이곳에서 네가 다시 떠나는 날
흰 도화지의 배경 속
이정표가 될 수 있게

아, 그래 코
당근은 어차피 얼어버릴 테니
그냥 짙은 립스틱 하나 가져와
내 얼굴에 입술을 대주라

그러면 아마
잠시 네 입술 자국을 빌려
말하는 눈사람이 될 수 있을 거야

그때가 오면

눈송이에 대한 모든 시를 들려줄게

* * * * * *

어제의 너와 나는
사랑을 빌미로 미움을 투영시키는 사람이었다

텃사랑

바쁘다. 매일 바쁘다. 살이 빠지고 야위어진다.

너는 몸을 좀 키워야 해. 남자답게 하라고 좀.

내게 다들 핀잔을 둔다. 나는 그 쓰디쓴 것들을 매일 같이 마신다.

속이 아린다.

보통 먹는 것들은 자신이 된다.

매일 고기만 먹으면 살이 찌고 채식만 하면 살이 푸석해진다.

거미를 먹은 8살 소녀도 거미가 되었으니까.

그리고 이렇게 생각했을 것이다.

왜 나를 나 자체로 사랑해 주지 않는 거야.

애처로운 것이 이쁘게 보였다.

그래서 조금 커서는 내 사랑을 먹였다.

딱히 영양은 없었지만.

이제 막 가방을 매던 시절, 나도 기범이처럼 바르고 멋지고 싶다고 생각했다.
올곧음을 먹고 싶었다.
하지만 내가 먹는 것들은 나를 더 마르게 할 뿐이었다.
귀는 편식의 절정이었다.
맛을 구별해내거나 익숙함만을 따를 뿐이다.
나는 목을 노오란 밧줄로 장식하고 겨울바람을 맞았다.
내 생명을 긁는 모든 문장들이
짜디짠 해수로 명태의 즙을 빨듯 한다.
그런 내 성기도 같이 말라간다.
아, 차라리 너에게 빨렸던 때가 좋았는데, 그땐 이런 말들을 들어도 변명거리가 있었는데.

그래. 시간이 빠르다.
널 만났던 시간보다 혼자가 된 시간이 더 길어지려 한다.

다행히 아직은 함께였던 것이 더 길다.

여자를 만난다는 건 참 불행일까.

이상하리만치 모든 추억이 여자로 통한다.

이년과 숱한 영화들을 보던 시간, 저년과 매일 같이 섹스하던 기간,

무당벌레도 아닌 것이 내 모든 진물까지도 싹 다 내어주니까 그러겠지.

누군 말한다. 계속 걸레같이 해라, 남창 새끼.

그건 네가 뭘 모르고 하는 소리야. 비겁한 놈들이나 재고 따지는 거란다.

사랑을 몰라 넌.

저번엔 누가 나보고 사귀냐고 물었고 난 그냥 웃어넘겼다.

연애. 그 단어로 너를 잡아둘 수가 없었다.

우리 사이란 딱 그랬다.

네가 사랑이란 단어에 대해 말하길
그제는 어둡고 깊은 절벽만 같이 대했고,
오늘은 기분이 좋다는 말의 대체제로 썼다.
거짓과 진실의 분별은 오직 나의 부담.
내가 좋다면 좋은 것이고 싫다면 싫은 것이다. 물론 대개 좋았다고 말했지만.
내가 네 두려움까지도 잡아먹어 주려던 마음을 보였는데 넌, 넌.
혀는 섞어도 손잡아 주지 않고 걷는 너.
난 훌륭한 연기자가 되어야 했어.

아니 이제 또 되어야 하나.
맨스필드. 그처럼 나 또한 영감의 핏물을 뿜으려 한다.
내 문장은 누구를 지키기 위함이 아니라, 사랑하기 위함이 아니라.
오직 해를 가하기 위한 필사임을.
네가 살아야 내가 산다니. 거짓말, 네가 죽어야 내가 산다.

줄곧 길을 걸을 때마다 너를 닮은 사람이 보여서.
내가 죽고만 싶어서 그래.
요새 따라 더욱이 네가 많이 보여서.

아, 맞다. 바빴구나 나.
글을 쓸 때에는 더 빠르게 늙는다.
벌써 새벽이다.
어째 펜촉이 닳는 속도만치 달이 깎인다.
분명 마지막으로 본 달은 만월이었는데,
도망치는 시간을 잡기가 힘들다.
자꾸만 멀어지는 네가 야속하다.
원하는 특정한 장소라도 있는 걸까.
그 시간에 닿아야만 네가 멈출까.
오늘은 위태로운 하현.
하루야, 네가 이토록 얇다.
그리고 나도 오늘을 닮아간다.
드러난 흉곽, 볼이 패여 옅게 도드라진 광대.
또 종아리만큼 얇아진 허벅지와 잘린 머리칼.

이 모든 것이 시간을 닮아서,
나란 것이 사람은 못돼서 하루란 것을 닮으려 그래.
여자의 몸을 핥는 것이 아니면 그 무엇도 의미가 없으니까 그래.
뱀 새끼도 아닌 것이 온몸으로 너를 감싸려니 그래.
누구를 위한 글인지도 모를 것을 지어내니 그래.
이 문장들을 읽고 주인을 자처할 네가 누구일까 웃겨서 그래.

이 곳은
오직 한 사람을 위한 관람 공간으로 만들어졌습니다. 시집 Never leave Seoul without a Kiss의 중심 문장들과 저자 L의 덧붙인 말이, 한 장씩 조용히 전시되어 있습니다. QR 코드를 스캔하면 당신만을 위한 조용한 방 하나가 열릴 것입니다. 그 안에서, 시는 당신과 아주 사적인 대화를 시작하려 합니다.
문은 열려 있습니다.
지금, 천천히 들어오세요.

Never leave
seoul
without
a kiss

l

Never Leave Seoul without a Kiss

초판 1쇄 발행 2025년 12월 31일

저자 정유찬
펴낸이 김영근
펴낸곳 마음 연결
주소 경기도 수원시 팔달구 인계로 120 스마트타워 604
이메일 nousandmind@gmail.com
출판사 등록번호 251002021000003
ISBN 979-1194194-01-0
값 15000